AF583153

MIM-VERLAG
PAPIER
FRESSERCHEN
DIE BÜCHER MIT DEM DRACHEN

Impressum:

Besuchen Sie uns im Internet:
www.papierfresserchen.de

Mühlstraße 10, D- 88085 Langenargen
info@papierfresserchen.de

Hardcoverauflage 2019.

Cover und Illustrationen Jonas Nussbaum

Gedruckt in Polen
Lektorat: Katharina Springer

ISBN: 978-3-96074-715-4- Taschenbuch

SAKARI geht verloren

Daniela Kristof

Jonas Nussbaum

Ein junger Eisbär ist verwirrt
seit Wochen durch die Welt geirrt.

Sakari nannte ihn Mamà,
die eine schöne Dame war.
Verzweifelt senkt sie ihre Lider,
will haben ihren Liebling wieder.
„Wo ist nur mein Sakari hin?
Mein Sohn! Oh, wie vermiss ich ihn."

Sein Vater ist sehr prominent,
am Pol, wo jeder jeden kennt.
Für ihn war es schwer vorstellbar,
wohin sein Sohn verschwunden war.
Wie es zu diesem Umstand kam
erzähl ich euch von Anfang an:

Hoch am Himmel standen Sterne, Sakari mochte Fischen gerne.
Eines Nachts war es geschehen, Sakari ward nicht mehr gesehen.
„SAKARI! SAKARI!“, schallt es im Dunkeln,
während die anderen Eisbären munkeln.

Bei Purzelbaum und andren Faxen hörte man das Eis laut knacksen.
Ganz dunkel war´s und keiner da, ins Wasser fiel der kleine Star.

Er schwamm und wanderte ein Jahr, dann landet er in AFRIKA. Er trifft Schildkröten und auch Strauße, die Steppe ist deren Zuhause. Er hört Hyänen listig lachen und andre böse Dinge machen.

Auch Büffel und Gnus hausen hier, doch wo versteckt sich das Getier? Antilopen und Gazellen sieht er bei den kalten Quellen.

Krokodile und die Schlangen schüren in ihm das Verlangen, endlich nach Hause zu finden, zu Schnee und eiskalten Winden.

Der Bär sein Heimweh kurz vergisst,
sein erster Freund ein Nilpferd ist.
Mitten im Fluss ruht es sich aus,
nur seine Augen blitzen raus.
Er fragt: „Hallo. Wo bin ich da?"
Das Nilpferd brummt: „In Afrika."

„In Afrika? Wie kann das sein?
Das ist so weit fort von daheim!"
„Ich war schon in Amerika,
dort war es wirklich wunderbar.
Es gibt so viele Lebensräume,
wie bei euch hier Rotbuschbäume.

In Südamerika ist´s heiß
und auf den Bergen doch schneeweiß.
Regenwald mit Riesenspinnen,
Pflanzen so gewaltig drinnen.

In den Sümpfen wohnen Elche,
sah leider nur von Weitem welche.

In der Savanne war ich froh.
Einen Freund gefunden! Einfach so.
Hieß Pablo und war Nasenbär,
mir fiel der Abschied schon sehr schwer.

Will endlich wieder nach Hause,
brauche vom Reisen eine Pause.
Vom Laufen tun die Beine weh!
Kennst du den Nordpol?
Riechst du Schnee?"

„Der Nordpol? Uiiiiii, wo ist denn der?
Das klingt für mich nach weit, weit her.
Nie verlasse ich diesen Ort,
ich fühl mich wohl, ich will nicht fort.
Frag das Nashorn beim Einbruchkrater,
es ist ein besserer Berater."

„Liebes Nilpferd, ich danke dir,
denn du hast viel geholfen mir.
Nun ist das doch ein Kinderspiel.
Das Nashorn ist mein nächstes Ziel."

„Liebes Nashorn! Schönen Tag!
Gut, dass ich dich gefunden hab."
Sakari ist hier ganz allein
und sollt schon längst zu Hause sein.

Seit Wochen rennt er nun im Kreis,
den Weg zum Nordpol NIEMAND weiß.
Wie es zu diesem Umstand kam,
erzählt er euch von Anfang an:

„Ganz AUSTRALIEN flirrt sehr heiß
und dabei liebe ich das Eis.
Kängurus und Riesenschlangen
ließen mich ums Leben bangen.

Im Meer schwammen weiße Haie,
da sah ich zu, aus erster Reihe.

Will endlich wieder nach Hause,
brauche vom Reisen eine Pause.
Vom Laufen tun die Beine weh!
Kennst du den Nordpol? Riechst du Schnee?"

Das Nashorn ward komplett verwirrt,
hier hat ein Eisbär sich verirrt?

„Der Nordpol ist mir kaum bekannt,
hab wohl gehört von diesem Land.
Frag einmal die Elefanten,
sie haben dort entfernte Tanten."

„Liebes Nashorn, ich danke dir,
denn du hast viel geholfen mir.
Nun ist das doch ein Kinderspiel.
Frau Dumbo ist mein nächstes Ziel."

Sakari ist hier ganz allein
und sollt schon längst zu Hause sein.
Seit Wochen rennt er nun im Kreis,
den Weg zum Nordpol NIEMAND weiß.
Wie es zu diesem Umstand kam,
erzählt er euch von Anfang an:

„In EUROPA musste ich zittern,
sah Eisbären hinter schweren Gittern.
Mir wurde dabei angst und bange,
wollte sie retten, mit der Zange.

Viele Tiere sind eingesperrt,
da muss doch sein etwas verkehrt?
Traurig blickten sie aus Ställen.
Ich kehrte um, schon auf den Schwellen.

Tausend Kühe, Schweine, Hennen
ließen mich rasch weiterrennen.

Rehe, Hirsche, flinke Hasen
sah ich in den Wäldern grasen.
Schließlich durft ich bei den Flüssen,
Igel, Biber, Fische grüßen.
Doch auch dieser Kontinent
setzt dem Heimweh noch kein End.

Will endlich wieder nach Hause,
brauche vom Reisen eine Pause.
Vom Laufen tun die Beine weh!
Kennst du den Nordpol? Riechst du Schnee?"
„Da hat das Nashorn sich vertan!",
schaut ihn Frau Dumbo fragend an.

„Das ist mir neu, bringt mich zum Lachen,
WAAAAAS sollen WIR am Nordpol machen?
Wir kennen uns zwar ganz gut aus,
nur ist der Nordpol DEIN Zuhaus.
Ich kann den Weg dir auch nicht sagen.
Könntest du die Zebras fragen?"

„Lieber Elefant, ich danke dir,
denn du hast viel geholfen mir.
Nun ist das doch ein Kinderspiel.
Die Zebras sind mein nächstes Ziel."

„Liebe Zebras! Ein guter Tag!
Schön, dass ich euch gefunden hab."

Sakari ist hier ganz allein
und sollt schon längst zu Hause sein.
Seit Wochen rennt er nun im Kreis,
den Weg zum Nordpol NIEMAND weiß.
Wie es zu diesem Umstand kam,
erzählt er euch von Anfang an:

„In ASIEN traf ich die Tiger,
da waren mir die Kühe lieber.

Flughunde und Trampeltiere
standen bei den Felsen Schmiere.

Zobel, Vielfraß, Zibetkatzen
zeigten freundlich ihre Tatzen.

Bei dem Kranich in den Sümpfen
musste ich die Nase rümpfen.

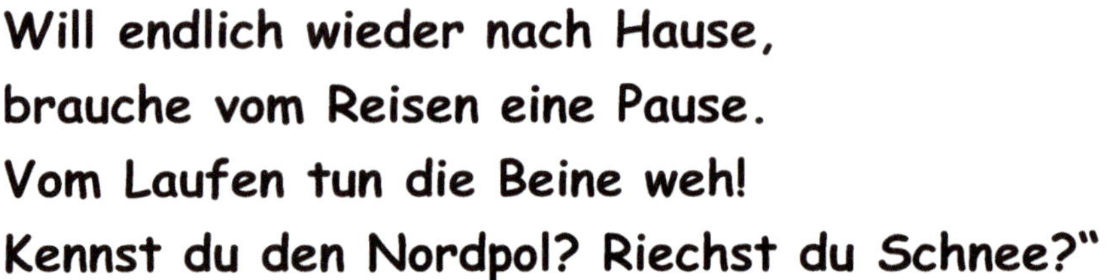

Will endlich wieder nach Hause,
brauche vom Reisen eine Pause.
Vom Laufen tun die Beine weh!
Kennst du den Nordpol? Riechst du Schnee?"

Mama Zebra schaut recht verdutzt,
als sie ihr süßes Fohlen putzt.
Der ganzen Herde ist nicht klar:
Was macht DEEEER Bär in Afrika?

„Was tust du hier, du kleiner Bär?
Eisbären leben doch im Meer.
Der Nordpol liegt gewiss weit weg,
und wir, wir kommen kaum vom Fleck.
Die Affen kennen sich gut aus
und lotsen dich bestimmt nach Haus."

„Liebes Zebra, ich danke dir,
denn du hast viel geholfen mir.
Nun ist das doch ein Kinderspiel.
Die Affen sind mein nächstes Ziel."

„Liebe Affen! Schön guten Tag!
Froh, dass ich euch gefunden hab.“

Sakari ist hier ganz allein
und sollt schon längst zu Hause sein.
Seit Wochen rennt er nun im Kreis,
den Weg zum Nordpol NIEMAND weiß.
Wie es zu diesem Umstand kam,
erzählt er euch von Anfang an:

„Am Südpol fand ich´s angenehm,
von früh bis abends anzusehen:
in dem Meer die Riesenwale,
bei Überschlag, Salto mortale.

Polarfüchse huschten leise
über Schneefelder, ganz weiße.

Robben wollten mit mir spielen,
Pinguine übten schielen.
Das Klima war dort schon ganz nett
und auch die Tiere sehr adrett.
Dennoch musste ich weiterziehen,
um meinem Heimweh zu entfliehen.

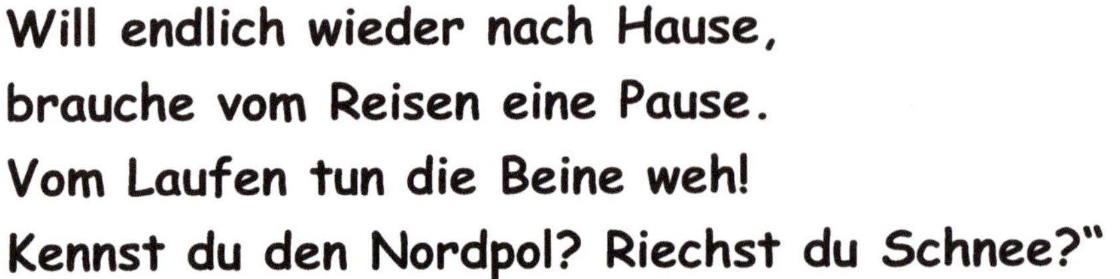

Will endlich wieder nach Hause,
brauche vom Reisen eine Pause.
Vom Laufen tun die Beine weh!
Kennst du den Nordpol? Riechst du Schnee?"

„Wir kommen gewiss ganz viel herum,
aber zum Nordpol??? Das wäre doch dumm!
Da oben ist´s uns viiiiieeeel zu kalt,
da werden wir bestimmt nicht alt.

Such den Löwen, frag um Rat,
vielleicht hat er den Weg parat.
Unser König hilft dir weiter,
dann bist du bald wieder heiter."

„Lieber Affe, ich danke dir,
denn du hast viel geholfen mir.
Nun ist das doch ein Kinderspiel.
Der Löwe ist mein nächstes Ziel."

„Lieber Löwe! Guten Tag!
Toll, dass ich dich gefunden hab."

Sakari ist hier ganz allein
und sollt schon längst zu Hause sein.
Seit Wochen rennt er nun im Kreis,
den Weg zum Nordpol NIEMAND weiß.
Wie es zu diesem Umstand kam,
erzählt er euch von Anfang an:

„Australien, Amerika,
Europa und auch Afrika,
der Südpol war gewiss sehr nett,
doch nur daheim bin ich komplett.
Fremde Länder mit fremden Tieren,
auf sechs Beinen oder vieren.
Ich bin nervlich schon am Sande.
WIE KOMMT MAN AUS DIESEM LANDE?????"

„Meine Rettung bist nun DU,
dann geb ich endlich eine Ruh.
Ich brauche endlich einen Plan,
damit ich zu meinen Eltern kann.

Im Eismeer geschah´s, beim wilden Jagen,
ich denk, vor etwa 300 Tagen.
Ein bisschen Fischen in der Nacht
hat mich in große Not gebracht.

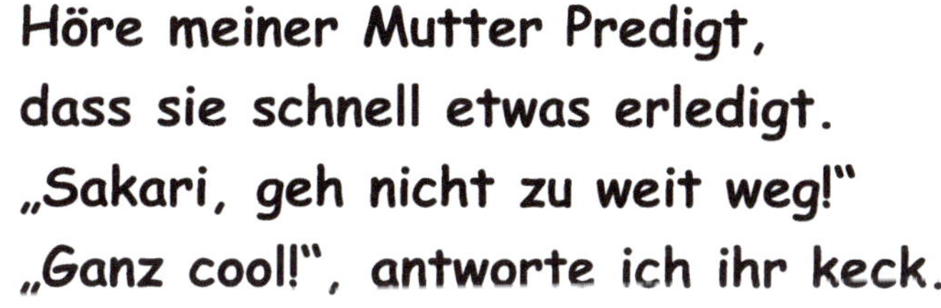

Höre meiner Mutter Predigt,
dass sie schnell etwas erledigt.
„Sakari, geh nicht zu weit weg!"
„Ganz cool!", antworte ich ihr keck.

„Gestrandet bin ich jetzt bei DIR.
Ich hoffe, DU kannst helfen MIR."
Der Bär fleht nun händeringend:
„Bitte hilf mir! Es ist dringend!"

„Will endlich wieder nach Hause,
brauche vom Reisen eine Pause.
Vom Laufen tun die Beine weh!
Kennst du den Nordpol? Riechst du Schnee?“

Der Löwe lauscht und nimmt sich Zeit,
will hören jede Einzelheit.
Vor ihm gepflegt ein Tässchen Tee,
dem Löwen zündet die Idee!
Schnell erhellt sich seine Laune,
weiß er Dinge, dass man staune.
Sakari freut sich wie verrückt,
die Heimkehr scheint nun bald geglückt.

Der Löwe ruft den Rat zusammen -
alle, die aus Afrika stammen.
„In dem Hafen gibt es Schiffe,
bringen Dinge über Riffe.

Da stehen bunte Koffer oben,
die werden stets an Deck gehoben.
So ein Koffer, der muss her,
Sakari komm, das ist nicht schwer!"
Sie schreiben groß „ZUM NORDPOL" rauf,
erklären ihm den Reiseverlauf.

„Liebe Freunde, recht viel Dank!
Vor Kummer war ich schon ganz krank.
Nun ist das doch ein Kinderspiel.
Der Nordpol ist mein letztes Ziel."
NORDPOL
Vierundzwanzig Stunden später:
Sakari landet einen Meter,
vor der Nordpolflagge kniet er,
küsst den Boden und da steht - WEEEER?
Überglücklich der Papà,
eng umschlungen mit Mamà.

„Ich verspreche hoch und heilig,
hätt ich´s damals nicht so eilig!
Dachte nur an meinen Magen,
werde es nie wieder wagen!
Meine Irrfahrt ist zu Ende,
gebt mir beide eure Hände!"

Sakari strahlt jetzt wie die Sonne.
Das Leben ist die pure Wonne.
Zum Himmel grinst er nun empor,
von einem bis zum andern Ohr.
Zufrieden brummt jetzt Papa-Bär:
„Ohne dich ist alles leer."
„Ich hab dich lieb!", sagt Mama-Bär.
„... und geb dich niemals wieder her."

Jonas Nussbaum: Der ursprünglich aus Kärnten stammende Illustrator des Buches wohnt in Wien und studiert Kunstgeschichte. Zeichnen zählt schon seit früher Kindheit zu seinen größten Hobbys.

Daniela Kristof wurde 1979 in Klagenfurt geboren. Die Leidenschaft fürs Schreiben und Lesen begleitet sie bereits ihr ganzes Leben. Schon als kleines Mädchen hat sie sich Geschichten ausgedacht und zu Papier gebracht. Durch ihren Sohn hat sie die Liebe zum Schreiben wieder entdeckt. Es folgte ihr erstes Buch „101 Wege zu mehr Erfolg" und schließlich hat sie sich mit ihrem ersten Kinderbuch „Du bist mein Gegenstück!" einen Herzenswunsch erfüllt. Durch ihre Geschichten will sie Kindern Mut machen und für das Leben wichtige Werte vermitteln.

Buchtipp:

Daniela Kristof + Gabriele Gruber
Du bist mein Gegenstück!
ISBN: 978-3-96074-714-7, Taschenbuch, 28 Seiten

Es ist ein heißer Tag in der Steppe Afrikas, als ein Zebrafohlen das Licht der Welt erblickt. Als Mama Cleo ihr Baby zum ersten Mal sieht, beginnt sie bitterlich zu weinen. Cleo hat Angst, ihr Fohlen Jala könnte von den anderen Zebras verstoßen werden, weil es nicht aussieht wie ein Zebra: Es hat keine schwarzen Streifen. Als Jala eines Tages eine neue Herde sieht, wird ihr bewusst, wie anders sie doch ist. „Ich werde mich noch heute auf den Weg machen. Ich möchte jemanden finden, der so ist wie ich!", sagt Jala entschlossen.
Eine Reise beginnt, die hoffentlich ins Glück führt.

www.ingramcontent.com/pod-product-compliance
Lightning Source LLC
LaVergne TN
LVHW071215160826
845679LV00003B/831